AF592921

GUILLERY

COMÉDIE

Représentée pour la première fois, à Paris, sur le Théatre-Français, par les comédiens ordinaires de l'Empereur, le 1er février 1856.

A

EDMOND GOT

COMÉDIEN EXCELLENT

SON CAMARADE DE COLLÉGE ET SON AMI.

E. A.

LAGNY. — Imprimerie de VIALAT et Cie.

GUILLERY

COMÉDIE

EN TROIS ACTES, EN PROSE,

PAR

EDMOND ABOUT

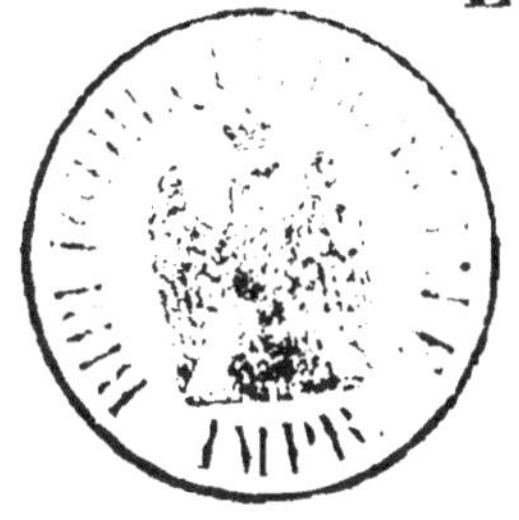

PARIS

MICHEL LÉVY FRÈRES, LIBRAIRES-ÉDITEURS

RUE VIVIENNE, 2 bis

1856

PRÉFACE

Ami lecteur — car j'espère qu'on ne nous a pas brouillés ensemble — cette préface n'est ni un *Te Deum*, ni un *Meâ culpâ*. Guillery a été reçu froidement à la première représentation, et sifflé chaudement à la deuxième. Cependant, je ne me repens pas de l'avoir écrit, et la preuve c'est que je le fais imprimer.

Il y a plus de deux ans que j'ai commencé cette petite comédie : l'espérance de la voir jouer en carnaval me l'a fait achever il y a trois mois. Elle m'a amusé au milieu de travaux plus sérieux, et je regrette sincèrement qu'elle n'ait pas produit le même effet sur le public. En feuilletant Rabelais, Molière, La Fontaine et les vrais classiques du joyeux pays de France, je me suis persuadé qu'il ne serait pas impossible d'égayer les Parisiens par une farce sans prétention, assaisonnée de quelques grains de ce gros sel que nos aïeux ne méprisaient pas. L'événement m'a prouvé que je me trompais.

J'ai mis sur la scène un étourneau de vingt ans qui séduit deux femmes après leur avoir dit la seule chose que les femmes ne pardonnent pas : « Soyez mes deux maîtresses ! » Mon intention n'était ni de décrier les femmes, qui sont bien ce que nous avons de meilleur en ce monde, ni de prêcher une morale nouvelle, la morale des ménages à trois. A plus forte raison n'ai-je pas cru rédiger un chapitre d'histoire contemporaine. J'ai reporté l'intrigue à ces siècles de bonhomie où l'adultère s'appelait cocuage, et où l'amant de Diane de Lys en aurait été quitte pour quelques coups de bâton. Si vous trouvez çà et là dix ou douze anachronismes, gardez-vous de conclure que je ne sais pas l'histoire. L'anachronisme est une figure de rhétorique dont tous les auteurs comiques ont abusé, depuis Plaute jusqu'à Beaumarchais.

Le seul mérite de cet ouvrage est d'avoir été écrit avec soin, en style franc, et dans le respect de notre langue ; vous l'apprécierez mieux au coin du feu qu'on n'a pu le faire au théâtre. Son principal défaut est d'avoir déplu. Je m'en suis aperçu dès la deuxième scène du premier acte. Heureusement, le public est un beau joueur qui ne refuse jamais de donner revanche. Sa froideur m'aura fait plus de bien que de mal : c'est comme une eau glacée, où les faibles prennent des pleurésies, où les autres se retrempent.

Il est d'usage et de justice qu'un auteur victorieux renvoie une partie des applaudissements aux artistes qui ont aidé le succès. Pour moi, je ne veux rien partager avec les acteurs de la Comédie Française. Je suis devant eux comme un ouvrier malhabile qui a gâté la plus belle étoffe du monde. Le talent de M. Provost, si puissant et si doux, si coloré et si harmonieux ; la verve éblouissante de Got, qui est le premier des jeunes ; la beauté radieuse et la verdeur splendide de mademoiselle Nathalie ; la grâce mignonne de mademoiselle Valérie ; la rondeur de M. Anselme ; l'originalité de M. Bache ; j'avais tout dans les mains, et j'ai tout laissé perdre. Aussi, quoique je ne sois pas grand demandeur de pardons, j'adresse ici mes excuses aux artistes qui se sont fait siffler pour moi, et à

M. Empis, leur aimable directeur, dont j'ai mal inauguré l'avénement.

Je ne veux pas finir sans dire un mot aux critiques. Si l'on mettait ensemble tout le mal qu'ils ont écrit de ma pièce, on ferait trois ou quatre volumes comme celui-ci. Je remercie ceux qui m'ont traité avec douceur, et en première ligne M. Théophile Gautier. Je remercie non moins cordialement ceux qui m'ont envoyé les vérités les plus dures et les conseils les plus sévères : j'en ferai mon profit. Quant à ceux qui, s'imaginant sans doute que j'étais par terre avec Guillery, ont profité de l'occasion pour me lancer de petites ruades boiteuses, je leur pardonne, et je souhaite que leurs feuilletons leur aient fait autant de plaisir qu'ils m'ont donné de courage.

Enclos des Ternes, 6 février 1856.

PERSONNAGES.

TRUPHÊME, drapier.........................	MM. Provost.
BRID'OIE, procureur.........................	Anselme.
GUILLERY, } écoliers......................	Got.
MONOCORDE, }	Bache.
Un cabaretier..............................	Masquillier.
ISABEAU, femme de Truphême...............	Mmes Nathalie
GUILLEMETTE, femme de Brid'oie...........	Valérie.

La scène est à Paris en l'an.....

GUILLERY

ACTE PREMIER

Le théâtre représente une place publique. — A droite, la maison de Truphême, avec cette enseigne : *Truphême, drapier;* à gauche, la maison de Brid'oie. Les deux maisons ont des balcons.

—

SCÈNE PREMIÈRE.

ISABEAU, GUILLEMETTE.

(Elles entrent par le fond en grands atours, leurs livres de messe à la main.)

ISABEAU.

Il a bien prêché.

GUILLEMETTE.

Pas trop. Comment pouvez-vous dire qu'il a bien prêché ?...

ISABEAU.

Je dis qu'il a bien prêché, parce qu'il n'a pas parlé longtemps.

GUILLEMETTE.

Moi, je trouve qu'il a mal prêché parce qu'il est trop laid.

ISABEAU.

Il est bien assez beau pour un prédicateur, et il a dit des choses excellentes. Au lieu de crier, comme tant d'autres, contre la coquetterie des femmes, et les rubans, et la crinoline et les bijoux, il s'en est pris bravement à messieurs les maris; il a attaqué le taureau par les cornes, et il a gourmandé ces bourgeois vert-galants qui s'échappent de leurs ménages tous les dimanches, après vêpres, pour aller au Pré-Gaillard, danser avec des demoiselles et boire avec des écoliers.

GUILLEMETTE.

Vous en parlez bien chaudement, dame Isabeau. Craignez-vous que le vénérable M. Truphême ne se débauche à son âge ?

ISABEAU.

Mon mari n'est pas un vénérable, et personne ne lui donnerait l'âge qu'il a. Mais vous, Guillemette, vous en parlez bien froidement ; vous n'aimez donc pas maître Brid'oie, votre mari?

GUILLEMETTE.

Pardonnez : je me dis que c'est un homme, qu'il est à moi, et que je n'en ai pas d'autre. Est-ce de l'amour, cela?...

ISABEAU, d'un ton convaincu.

Le véritable amour conjugal. Moi, j'adore monsieur Truphême par raison. Voyez-vous cette dentelle?...

GUILLEMETTE.

Elle est belle.

ISABEAU.

Elle me répète à chaque instant que je dois aimer mon mari. Qui est-ce qui nous donne les dentelles? Nos maris. Les galants ne sont bons qu'à les déchirer.

GUILLEMETTE.

Nous sommes de bonnes femmes.

ISABEAU.

Nous aimons nos maris.

GUILLEMETTE.

Ils sont bien heureux de nous avoir. Votre M. Truphême est gourmand comme le chat d'un évêque, un bon repas est un aimant auquel il n'a jamais su résister, et lorsqu'il a le verre en main, il tiendrait tête à une éponge.

ISABEAU.

Où est le mal? La vendange n'est pas mauvaise conseillère, le vin ne fait qu'épanouir sa bonne humeur naturelle, et lorsqu'il a bu un coup de trop, il ne me querelle pas, bien au contraire. C'est maître Brid'oie qui se colère sans boire et qui pousse la mélancolie jusqu'à la brutalité. Fi! les jaloux!

GUILLEMETTE.

Où est le mal, ma chère? on n'est pas jaloux sans amour, et j'aime mieux être battue que dédaignée.

ISABEAU.

Pour ce qui est des coups, c'est une monnaie que je donne et que je ne reçois pas.

GUILLEMETTE.

Nous avons de bons maris.

ISABEAU.

Ah! si jamais le mien faisait comme les autres, et si je le prenais sur le chemin du Pré-Gaillard!...

GUILLEMETTE, étourdiment.

Moi, j'ai une vengeance toute prête.

ISABEAU.

Je parie que votre vengeance porte des bottes.

GUILLEMETTE.

Oh! Madame!

ISABEAU.

Tant mieux, mon enfant! La plus grande sagesse pour une femme, c'est d'être sage. Que penseriez-vous d'un propriétaire qui aurait son jardin rempli de fruits mûrs et qui enjamberait la haie du voisin pour voler des pommes vertes? Voilà l'infidélité. Heureusement vous n'avez rien à craindre. La jalousie de votre mari vous défend contre les autres et contre vous-même, et il n'y a pas dans Paris un galant assez hardi pour donner l'assaut à une forteresse si bien gardée.

GUILLEMETTE.

Et s'il y en avait un! je ne l'aime pas.

ISABEAU.

Et bien vous faites. Il est laid?

GUILLEMETTE.

Il n'est pas de mon goût.

ISABEAU.

C'est quelque pauvre diable?...

GUILLEMETTE.

Pourquoi?... Est-on faite pour plaire à des sacristains, et n'a-t-on pas dans les yeux de quoi toucher un cœur de distinction? Mais il ne me plaît pas.

ISABEAU.

Quelque sot?

GUILLEMETTE.

Lui, ma chère? Il est tout esprit. Si vous pouviez seulement l'entendre! Il pétille...

ISABEAU.

S'il valait tout ce que vous dites, vous auriez moins de mépris pour son amour. Avouez que c'est un jeune homme à faire peur.

GUILLEMETTE, impatientée.

Oui, madame, à faire peur, car il est presque impossible de lui résister. Certes, il n'est pas beau; il est même laid. Mais il a des yeux et des dents qui éclairent sa figure. Du reste, jeune, hardi, délibéré, galant, joyeux, plaisant; le front haut, la parole vive, le geste prompt, l'esprit éveillé! Je le chasse, il revient; je l'évite, il me trouve; je m'enferme, il m'écrit; je le querelle, il me tient tête; je lui jure que je ne l'aimerai jamais, il parie que je l'adore et que je ne sais ce que je dis.

ISABEAU.

Brrr! ce n'est pas un homme; c'est un écureuil!

GUILLEMETTE.

Je ne l'aime nullement, croyez-moi bien.

ISABEAU.

Cela se voit aux couleurs dont vous le dépeignez. Peste! si vous n'en voulez pas pour vous, n'en dégoûtez pas les autres.

GUILLEMETTE.

Si vous aviez un amoureux, voisine, vous sauriez qu'on a beau haïr ces êtres là, on n'aime pas à entendre du mal.

ISABEAU.

Et qui vous dit que je n'en aie point?

GUILLEMETTE.

Vous, voisine?

ISABEAU.

Suis-je donc si déchirée? Mais il y perdra son latin.

GUILLEMETTE.

Il sait du latin?...

ISABEAU.

Prodigieusement. C'est un jeune homme doux, sérieux et de bonnes manières; bien timide, bien modeste, bien tremblant, et candide comme une fille à marier.

GUILLEMETTE.

Arrêtez! l'eau m'en vient à la bouche.

ISABEAU.

Que serait-ce donc si je vous lisais une lettre que j'ai là?

GUILLEMETTE.

Ah! il ose écrire!... C'est à moi qu'on écrit des lettres passionnées. Ah! voisine, amour emporté, hardiesse aveugle : un soldat qui court au feu!...

ISABEAU.

Voici la lettre d'un garçon qui mourra d'amour avant un

mois, si je n'y mets bon ordre, et malheureusement je suis trop honnête femme pour lui sauver la vie.

GUILLEMETTE.

Voici le radotage du plus étrange fou qui ait perdu ses peines auprès d'une femme de bien.

ISABEAU ET GUILLEMETTE, ensemble, lisant.

« Je vous aime, et votre cœur...

GUILLEMETTE.

Elles commencent de même ! Est-ce qu'il y a un uniforme pour ces billets-là ?

ISABEAU.

Eh ! petite, toutes les lettres d'amour se ressemblent un peu, comme tous les amants.

GUILLEMETTE.

Qu'en savez-vous ?

ISABEAU.

C'est mon mari qui me l'a dit. (Elle lit.) « Je vous aime, et « votre cœur se fait un jeu de ma peine... »

GUILLEMETTE, lisant.

« Je vous aime, et votre cœur me rend amour pour amour. » C'est ici que les voyageurs se séparent. « N'essayez pas de le nier, « vous avez résolu, ma toute belle, de faire de moi le plus « heureux des hommes : vos yeux l'ont dit aux miens, c'est « une affaire conclue, et il ne s'agit plus que de trouver l'oc- « casion que nous souhaitons aussi ardemment l'un que « l'autre. »

ISABEAU.

Ce garçon-là n'est pas manchot de la cervelle.

GUILLEMETTE, lisant.

« Votre jaloux et le bon homme Truphème... »

ISABEAU.

Bonhomme !...

GUILLEMETTE, lisant.

« Votre jaloux et le bonhomme Truphème dîneront ce soir « chez maître Fournet, le receveur des gabelles... »

ISABEAU.

Mon mari n'y ira pas, je le lui ai défendu. Je n'aime pas les dîners de garçons, et maître Fournet demeure un peu trop près du Pré-Gaillard.

GUILLEMETTE.

Moi, je n'ai pas eu besoin de rien défendre à maître Brid'oie. Il est trop prudent pour me laisser tout un soir au logis. (*Lisant.*) « Je compte sur vous pour écarter la grosse voisine. »

ISABEAU.

Qui? la grosse voisine... Nous n'avons pas de grosse voisine. Cette lettre est d'un style médiocre. Écoutez-moi ceci : (*Elle lit.*) « Je vous aime, et votre cœur se fait un jeu de ma peine. Cruelle Isabeau! » Voilà qui est joliment écrit! (*Lisant.*) « Cruelle Isabeau! il ne me reste plus qu'à mourir. » Pauvre petit! « Tout ce que je demande au ciel et à vous, c'est la « consolation d'expirer à vos pieds, dans votre chambre, un « jour que votre mari sera sorti pour ses affaires. Laissez-vous « toucher aux prières d'un mourant, d'un mort... »

GUILLEMETTE.

Le mort est vif.

ISABEAU.

Pas autant que le vôtre... Me le montrerez-vous un jour?...

GUILLEMETTE.

Oui, à charge de revanche.

ISABEAU.

Bientôt? (*On entend la voix de Guillery qui fredonne à la cantonade.*)

GUILLEMETTE.

A l'instant même, car le voici qui vient.

ISABEAU.

Jour de Dieu! c'est le mien.

GUILLEMETTE.

Votre cousin Guillery?

ISABEAU, *riant aux éclats.*

Ah! le bon drôle! il avait deux masques.

GUILLEMETTE.

Vous êtes témoin que je ne l'aimais pas.

ISABEAU.

Qu'est-ce que je vous disais tout à l'heure? Je n'aime au monde que mon mari.

SCÈNE II.

ISABEAU, GUILLERY, GUILLEMETTE.

ISABEAU.

Bonsoir, Guillery.

GUILLEMETTE.

Votre servante, maître Guillery.

ISABEAU.

Guillery mélancolique!

GUILLEMETTE.

Guillery passionné!

ISABEAU.

Guillery funèbre!

GUILLEMETTE.

Guillery enflammé!

ISABEAU.

Connaissez-vous cette écriture?

GUILLEMETTE.

Ces pieds de mouche sont-ils de votre connaissance?

ISABEAU.

Traître!

GUILLEMETTE.

Pendard et demi!

ISABEAU.

Voici le cas que je fais de vos lettres. (Elle déchire sa lettre.)

GUILLEMETTE, même jeu.

Voilà votre prose traitée suivant ses mérites.

ISABEAU.

Et la perfidie retourne sur son auteur. (Les deux femmes lui ett ent les morceaux des lettres au visage.)

GUILLEMETTE.

Or çà! laquelle de nous aimez-vous? Est-ce madame votre cousine?...

ISABEAU.

Est-ce madame la procureuse?

GUILLEMETTE.

Surtout pas de subterfuge!

ISABEAU.

Ne vous échappez point par une porte de derrière.

GUILLEMETTE.

Décidez-vous...

ISABEAU.

Prononcez-vous, et vivement...

GUILLERY.

Je me mépriserais moi-même, si j'étais capable de faire un choix.

ISABEAU.

Plaît-il?

GUILLERY.

Je vous aime toutes deux de front.

GUILLEMETTE.

Il est fou, ma chère.

GUILLERY.

Non, mais j'étais fou lorsque j'ai cherché à vous donner le change et à vous cacher une chose aussi simple, aussi naturelle et aussi louable qu'un pareil amour. Mais que voulez-vous! chaque temps a ses préjugés répandus dans l'air, comme ces atômes de poussière qu'on voit courir dans un rayon de soleil. On respire cela malgré soi, et si bien qu'on ferme la bouche, on en gobe toujours quelque chose. Aujourd'hui, c'est la mode de n'aimer qu'une femme à la fois. Tout le monde en est là!... Une femme!... Hors d'une femme, point de salut! Ce siècle est infesté de monogamie! On croirait, sur ma parole, que la nature n'a créé qu'une femme parfaite, et que, lorsqu'on a dit à celle-là : Je vous aime, on n'a plus rien à dire aux autres!

GUILLEMETTE.

Mais c'est monstrueux ce que vous dites-là!

GUILLERY.

Soyez donc raisonnable, chère Guillemette, et jugez mieux les choses. Vous êtes belle, spirituelle, vive et fringante, n'est-il pas vrai? Vous en convenez; mais ma cousine est-elle pour cela laide, sotte ou mal plaisante? Les beaux yeux que vous avez, est-ce à elle qu'on les a pris? et faut-il qu'elle soit affreuse, parce que vous êtes à croquer?...

ISABEAU.

A combien de femmes avez-vous dit cela aujourd'hui?

GUILLERY.

Il n'est que quatre heures et demie. Et quand même j'en dirais autant à vingt femmes dans Paris! on a bien trente ou quarante amis sans scandaliser personne. Notre allié, le sultan des Turcs, aime autant de femmes que j'ai de cheveux, et on ne lui jette pas pour cela ses lettres au nez. Que vous avez tort de vous courroucer contre moi, et que la jalousie est un sot péché! Le vin de Suresne ne se fâche pas quand je bois du vin d'Argenteuil, et la blanquette de Saumur ne m'a jamais reproché mon amour pour le vin de Bourgogne. Ne soyez pas plus rigoureuses, et permettez-moi de penser que tous les vins sont bons et que toutes les beautés sont belles. Je vous aime, Isabeau; vous aussi, Guillemette. Ah! Mesdames, si vous vouliez, quel joli ménage nous ferions!

ISABEAU.

Taisez-vous, masque : un ménage à trois!

GUILLERY.

On en a vu beaucoup cette année, dit Rabelais.

GUILLEMETTE.

Écoutez, Guillery, un mot sans plus : Vous avez eu tort de courir deux lièvres à la fois. Lorsqu'on a la prétention de faire oublier à une femme de bien ses devoirs et son mari, il faut lui offrir un cœur entier; une moitié ne suffit pas.

ISABEAU.

Qu'on se le dise! vous ne comptiez pas sur ce dénoûment?

GUILLEMETTE.

Il n'avait pas prévu que nous nous montrerions ses lettres.

ISABEAU.

Ah! vous êtes un homme de style, mais il faut vous perfectionner dans l'action. D'ailleurs, vous vous être trompé si vous avez cru que nos maris dineraient chez maître Fournet.

GUILLEMETTE.

Et ils vont rentrer au logis.

ISABEAU.

Et vous ferez bien de vider la place, si vous ne voulez pas leur apprêter à rire avec votre air déconfit.

GUILLEMETTE.

Adieu, Guillery.

ISABEAU.

Votre servante, cousin. (Elles entrent dans la maison de Truphème.)

SCÈNE III.

GUILLERY, seul.

« Pour faire oublier à une femme de bien son devoir et son « mari... son devoir et son pensum... il faut lui offrir un « cœur entier; une moitié ne suffit pas. » En d'autres termes, je vous aimerais volontiers, si j'étais sûre que vous n'aimiez pas ma voisine. — « Nos maris ne dînent pas chez maître Four-« net.. » C'est-à-dire, nous sommes sûres de notre vertu, mais nous avons besoin d'un peu d'aide. (Il rêve un instant.) Il me faudrait trouver quelque bon compagnon d'esprit résolu, d'humeur gaillarde, ni sot, ni gauche, ni poltron, ni timide... (Il se heurte dans Monocorde qui s'avançait en attrapant des mouches.) Monocorde! Ce n'est pas toi que je cherchais, au contraire; cependant, sois le bienvenu!

SCÈNE IV.

GUILLERY, MONOCORDE.

MONOCORDE.

Bonjour, Guillery. J'attrapais des mouches pour passer mon dimanche; et toi?

GUILLERY.

Moi? je suis bien aise, après tout, de t'avoir rencontré.

MONOCORDE.

C'est beaucoup d'honneur pour moi, Guillery, puisque tu es le roi des écoliers et que je suis le plus humble de tes sujets.

GUILLERY.

Trop modeste, Monocorde, trop modeste! Tu es moins simple que tu ne crois, et nous avons fait ensemble quelques bons tours. Te souviens-tu d'un certain soir où nous avons déménagé toutes les enseignes de la ville?

MONOCORDE.

Oui, je fus pris par le guet, et je passai douze heures en prison.

GUILLERY.

Console-toi! j'ai ri plus de vingt-quatre heures... — Et la fille du barbier Charaux, t'en souviens-tu?...

MONOCORDE.

Si je m'en souviens! voilà une créature qui t'aimait!

GUILLERY.

Avec quelle subtilité tu lui portais mes lettres!...

MONOCORDE.

Mais un jour les apprentis du père me surprirent dans sa chambre... l'un me rasa les sourcils, et l'autre voulut à toute force m'arracher ma meilleure dent.

GUILLERY.

N'importe! tu t'es bien conduit, et tu seras récompensé dans ce monde ou dans l'autre... et même... attends! Es-tu amoureux, Monocorde?

MONOCORDE.

J'ai vingt ans, à la Saint-Matthieu.

GUILLERY.

Et de qui es-tu amoureux?

MONOCORDE.

Je ne sais pas; un peu de tout le monde.

GUILLERY.

Comme tout le monde... Connais-tu la femme de mon cousin Truphême, qui loge ici?...

MONOCORDE.

Je l'ai vue à la messe.

GUILLERY.

Tu as de la dévotion, Monocorde, cela te portera bonheur... Et comment la trouves-tu?

MONOCORDE.

Belle!

GUILLERY.

J'en suis ravi. Mais n'as-tu jamais aperçu sa voisine, la femme du procureur Brid'oie?...

MONOCORDE.

Oui, à la promenade.

GUILLERY.

Aristote recommandait la promenade, et les péripatéticiens sont de grands philosophes. Que te semble de madame Brid'oie?...

MONOCORDE, *faisant claquer sa langue.*

Jolie!

GUILLERY.

Tu as du goût. Ainsi, elles te plaisent toutes deux.

MONOCORDE.

Fort.

GUILLERY.

Eh bien! laquelle veux-tu?...

MONOCORDE.

Moi?...

GUILLERY.

Parbleu!

MONOCORDE.

Elles sont donc à toi, que tu me les offres?

GUILLERY.

Elles viennent de me mettre à la porte unanimement.

MONOCORDE.

Alors tout est fini?

GUILLERY.

Mais non, grand enfant, nous sommes au premier acte!

MONOCORDE.

Tu crois qu'en s'unissant ensemble on pourrait?...

GUILLERY.

Je te défends d'en douter.

MONOCORDE.

Et, dis-moi, tu ne crains pas que les maris?...

GUILLERY.

Les maris?... Ils seront ici dans un instant. Tiens, voici déjà M. Truphême. Où cours-tu? c'est à lui de nous céder la place.

MONOCORDE.

Comment?

GUILLERY, méditant.

J'improvise un tour... usé depuis deux cents ans... n'importe!

MONOCORDE.

Que vas-tu faire?...

GUILLERY.

Il est gourmand, je vais l'envoyer dîner en ville.

SCÈNE V.

MONOCORDE, GUILLERY, TRUPHÈME.

(Truphème s'avance à petits pas vers sa maison. Guillery, en le suivant des yeux, interpelle à haute voix Monocorde.)

GUILLERY, à Monocorde.

Fi! n'as-tu pas de honte à ton âge? Je comprends qu'un homme de cinquante ans comme le digne M. Truphème, se laisse prendre à l'odeur des cuisines et à l'appât d'un bon dîner, mais à ton âge!

MONOCORDE.

M...oi!

GUILLERY.

Si maître Fournet t'avait vu, comptant les plats de ce magnifique dîner, et passant la revue des bouteilles, qu'est-ce qu'il aurait pensé de toi?

MONOCORDE.

M...aître... F...ournet?

GUILLERY.

Il plaît à maître Fournet de faire bombance avec les plus honnêtes gens de la ville et la fleur de la bourgeoisie, est-ce que cela nous regarde en rien?... Il dépense cent écus à un festin somptueux; ce n'est pas pour que les écoliers s'en aillent régaler leur odorat au soupirail de sa cuisine.

TRUPHÈME, lui frappant sur l'épaule.

Bravo, Guillery!

GUILLERY.

Ah! c'est vous?... Bonsoir, cousin.

TRUPHÈME.

Es-tu bien sûr que nous soyons cousins?

GUILLERY.

Cousins au plus haut degré : au quatorzième!

TRUPHÈME.

Quel est ce grand garçon que tu gourmandais si fort?

GUILLERY.

Vous ne le connaissez pas? c'est le célèbre Monocorde, roi des écoliers, prince des fainéants, suzerain des coureurs nocturnes, protecteur de la confédération des batteurs de pavé, du reste, paré de tous les vices. Il a fait de la prison.

MONOCORDE, d'un air modeste.

Oh! si peu!

TRUPHÊME.

Mais que disiez-vous de maître Fournet?

GUILLERY.

Est-ce que nous parlions de maître Fournet?

TRUPHÊME.

Ne disais-tu pas qu'il avait dépensé trois cents gros écus pour donner à dîner?..,

GUILLERY.

C'est Monocorde qui disait cela.

MONOCORDE.

Trois cents écus, tout neufs, à l'effigie du roi Henri.

TRUPHÊME.

J'en devais être de ce dîner; eh bien! tel que tu me vois, je n'y vais pas.

GUILLERY.

Viens ici, Monocorde, et regarde mon cousin, M. Truphême... voilà ce qui s'appelle un homme sobre! Ce n'est pas lui qui irait se poster à l'entrée de l'office de maître Fournet pour compter sur ses doigts soixante-huit bouteilles de vin.

TRUPHÊME.

Cacheté?...

MONOCORDE.

Des cachets gros comme cela!

TRUPHÊME.

Peuh! a-t-il vu les rôtis?

GUILLERY.

Lui? Il les attirait avec son nez! Il prétend qu'il a vu deux dindons truffés.

TRUPHÊME.

Deux!

GUILLERY.

Et ce gros poisson qu'on a fait venir du Hâvre en poste!

TRUPHÊME.

Est-ce qu'il l'a vu, ce roi des poissons, qui voyage comme les ambassadeurs?

GUILLERY.

Réponds, Monocorde, m'as-tu dit qu'il était plus grand que toi de toute la tête?...

MONOCORDE.

Cela n'est pas un poisson, c'est un veau marin.

TRUPHÊME, à Guillery.

Est-ce bon, le veau marin?...

GUILLERY.

Peuh! cela a comme un goût de faisan... Mais vous dînerez aussi bien chez vous. Ma cousine m'a conté le menu, et l'eau m'en venait à la bouche.

TRUPHÊME.

Ah! qu'est-ce qu'il y a?

GUILLERY.

D'abord, la bonne grosse panade avec un œuf dedans. Ensuite le bon oison de deux ans cuit à la casserole; puis, l'ample purée de fèves de marais au beurre de Bretagne, et pour arroser tout cela, le bon pot de jolie petite bière des Batignolles. (A Monocorde.) Voilà un dîner!...

MONOCORDE.

Tiens! j'aime mieux l'autre.

GUILLERY.

Mais si tu étais marié, et que ta femme te défendît de dîner en ville?

TRUPHÊME.

Ma femme ne me défend rien; je lui ai défendu de me défendre.

GUILLERY.

Je le sais bien. (A Monocorde.) Si l'on t'interdisait l'approche du Pré-Gaillard à la distance d'une lieue!

TRUPHÊME.

On n'a pas besoin de m'interdire le Pré-Gaillard, et je...

GUILLERY.

Je le sais bien. (A Monocorde.) Si enfin tu craignais d'être battu par?...

TRUPHÊME.

Ma femme ne me bat pas, entends-tu?

GUILLERY.

Je le sais bien ! Monocorde, est-ce que j'ai dit que ma cousine battait mon cousin ?

MONOCORDE.

Non, dà !

GUILLERY.

Et qu'elle lui défendait de dîner chez maître Fournet ?

TRUPHÊME.

Elle me l'a si peu défendu, que j'y dînerai aujourd'hui même.

GUILLERY.

Vous ?

TRUPHÊME.

Moi.

GUILLERY.

Vous voulez rire !

TRUPHÊME.

Oui, je veux rire, et je rirai.

GUILLERY.

Et ce bon dîner qui vous attend chez vous ?

TRUPHÊME.

Je t'invite ; tu mangeras dans mon écuelle.

GUILLERY.

Merci ! Et que dira ma cousine ?

TRUPHÊME.

Ce qu'elle voudra.

GUILLERY.

Attendez, la voici qui vient.

TRUPHÊME.

Adieu !

GUILLERY, le retenant par le bras.

Dites-lui un mot.

TRUPHÊME, se dégageant.

Je ne veux pas me faire attendre. (Il sort.)

SCÈNE VI.

GUILLERY, MONOCORDE.

GUILLERY.

Et d'un ! As-tu compris ?

MONOCORDE.

Oui et non.

GUILLERY.

Tu as été pétillant d'esprit.

MONOCORDE.

Oh ! avec les hommes je tire encore mon épingle du jeu. Ce sont les femmes qui me coupent la parole.

GUILLERY.

Puisque tu manies si bien les hommes, je te livre maître Brid'oie.

MONOCORDE.

Quel homme est-ce ?

GUILLERY.

Un tigre domestique. S'il avait le moindre soupçon sur toi, il te battrait comme blé en grange.

MONOCORDE.

Attends-moi, je vais revenir.

GUILLERY.

Tu as peur ?

MONOCORDE.

Non, mais j'ai une idée sur les coups de bâton qui fait que je n'aime pas à en recevoir.

GUILLERY.

Sois tranquille, avec moi il ne t'arrivera rien.

MONOCORDE.

Eh bien, je reste ! tu es un homme, toi !

GUILLERY.

Comment vas-tu faire pour nous délivrer de ce jaloux ?...

MONOCORDE.

Si l'on tendait une ficelle dans son chemin pour lui rompre quelque chose ?

GUILLERY.

Fi donc !

MONOCORDE.

Tu as raison, c'est mal.

GUILLERY.

Ce n'est pas que cela soit mal ; mais on le rapporterait chez lui sur un brancard, et sa femme le trouverait intéressant. Tu ne les connais pas, Monocorde! elles ont une rage de soigner les malades! Autre chose!

MONOCORDE.

On pourrait bien l'envoyer aussi chez maître Fournet : il est invité.

GUILLERY.

O cervelle indigente! que dirait-on de nous si le même jour, à dix minutes de distance, on nous voyait nous répéter? Songes-tu quelquefois à la postérité, Monocorde?...

MONOCORDE.

Pas assez. Attends!... puisqu'il est jaloux, si on le prenait par la jalousie?

GUILLERY.

Mieux!

MONOCORDE.

As-tu du papier à écrire?

GUILLERY.

Jamais!

MONOCORDE, lui donnant du papier.

Ecris; mon dos te servira de pupitre.

GUILLERY.

Dis-moi d'abord ton idée.

MONOCORDE.

Elle est bonne; écris.

GUILLERY.

De la confiance! je ne te reconnais plus.

MONOCORDE, dictant.

« Mon cher amour, puisqu'il dîne en ville et qu'il ne ren-« trera pas de la soirée, je t'attendrai à l'auberge de Nanterre, « comme la dernière fois. »

GUILLERY.

Ton moyen n'est pas neuf, mais il n'est pas plus bête que le mien... qui a réussi! Du reste, nous n'avons pas le temps d'en chercher un autre : voici notre homme! quelle signature?

MONOCORDE.

Un nom de fantaisie.

GUILLERY, à part.

« Signé : Monocorde. »

MONOCORDE.

Qu'est-ce que tu as mis?...

GUILLERY, pliant le papier.

Chandernagor! Tu vas te poster devant sa maison, en sorte qu'il te surprenne; tu sais ce que tu as à lui dire?

MONOCORDE.

Pas trop. Il a l'air féroce.

GUILLERY.

Courage de brebis!...

MONOCORDE.

Mais si je me fais prendre le billet, il est capable de me donner des coups en échange.

GUILLERY.

Eh bien! mets-le sous cette pierre et va te promener.

MONOCORDE.

Volontiers.

GUILLERY.

Mais tu reviendras!

MONOCORDE.

Quand il sera bien parti. (Il cache le billet sous une pierre et s'enfuit.)

SCÈNE VII.

BRID'OIE, GUILLERY.

BRID'OIE.

Un homme devant chez nous!... Eh! non, ce nest pas un homme : c'est Guillery. Figure-toi, petit, que je te prenais pour un homme!

GUILLERY.

Comme on se trompe!

BRID'OIE.

Y a-t-il longtemps que tu es là?

GUILLERY.

Une grande demi-heure.

BRID'OIE.

Où est ma femme?

GUILLERY.

Là, chez ma cousine.

BRID'OIE.

Bon! tu n'as vu personne rôder sur cette place, mon petit Guillery?

GUILLERY.

Non, maître Brid'oie.

BRID'OIE.

Si jamais tu voyais quelque chose, tu me le dirais, eh! petit?...

GUILLERY.

Oui, maître Brid'oie.

BRID'OIE.

T'ai-je jamais donné quelque chose?

GUILLERY.

Non, maître Brid'oie.

BRID'OIE.

Il faudra que je te donne un écu.

GUILLERY, étendant la main.

Je ne le refuse pas, maître Brid'oie; qui méprise un écu, méprise l'image de son roi.

BRID'OIE.

Eh bien! je t'en donnerai un à ma fête.

GUILLERY.

Est-ce bientôt, maître Brid'oie?

BRID'OIE.

Dans dix-huit mois. Aussi, tu ne me dis jamais rien! Ah! si tu me découvrais l'amant de ma femme, ta fortune serait faite.

GUILLERY.

Mais si elle n'a pas d'amant?

BRID'OIE.

Elle doit en avoir. Trouve-moi seulement une lettre, tu auras vingt sous.

GUILLERY.

J'ai bien cru tout à l'heure que j'allais les gagner.

BRID'OIE.

Conte-moi cela, Guillery.

GUILLERY.

Il est venu un grand maigre qui marchait sur la pointe du pied, avec une lettre dans la main, et j'ai espéré qu'il la remettrait chez vous, mais je n'ai pas de bonheur. Devinez où il l'a portée ?

BRID'OIE.

Chez le drapier ?

GUILLERY.

Sous une pierre. Si vous demeuriez sous cette pierre-là, j'aurais pourtant vingt sous.

BRID'OIE, court à la pierre et lit le billet. — A part.)

Monocorde ! Nanterre ! Ce soir ! J'y serai. (Haut.) Petit, as-tu lu ce billet ?...

GUILLERY.

Non, maître Brid'oie, il n'est pas pour moi.

BRID'OIE.

Veux-tu gagner l'écu que je te dois ?

GUILLERY.

Oui, maître Brid'oie.

BRID'OIE, d'un air machiavélique.

Tu vois, je remets la lettre sous la pierre. Va trouver ma femme... dis-lui que j'ai changé d'avis, — que je dîne en ville, — et que je ne rentrerai pas avant minuit !... Va !...

GUILLERY.

Oh ! quelle idée !... Oui, maître Brid'oie... (A part, regardan Brid'oie sortir.) Il n'est pas plus fort que nous. (Brid'oie sort.)

SCÈNE VIII.

GUILLERY, seul.

La place est balayée... A ces dames. — (Guillemette et Isabeau sortent ensemble.)

SCÈNE IX.

GUILLEMETTE, GUILLERY, ISABEAU.

GUILLEMETTE.

Encore vous ?... et nos maris ?

GUILLERY.

Vous ne me les avez pas donnés à garder.

ISABEAU.

Est-ce que vous avez fait élection de domicile sur cette place ?

GUILLERY.

Les loyers sont si chers !

GUILLEMETTE.

Si vous y êtes bien, restez-y. Pour nous, rentrons chacune dans notre chacunière.

GUILLERY.

Guillemette, vous êtes charmante ainsi.

GUILLEMETTE.

Je vais lire la légende de sainte Marguerite.

GUILLERY.

Isabeau de ma vie !...

ISABEAU.

Moi, je cours raccommoder les chausses de M. Truphême.

GUILLERY, à Isabeau.

De grâce !

ISABEAU.

Chansons !

GUILLERY, à Guillemette.

Par pitié !

GUILLEMETTE.

Bon voyage ! (Elles rentrent chez elles.)

GUILLERY.

Vos maris sont au Pré-Gaillard. (Les deux femmes reviennent à lui.)

GUILLEMETTE.

Répétez ce que vous avez dit.

GUILLERY.

Des chansons !

ISABEAU.

Par pitié!

GUILLERY.

Bon voyage!

GUILLEMETTE.

Un seul mot !

GUILLERY.

Rentrez donc dans votre chacunière !

ISABEAU.

Vous disiez que mon mari ?...

GUILLERY.

A déchiré ses vénérables chausses. Allez, allez les racommoder.

GUILLEMETTE.

Guillery, vous ne pouvez pas savoir à quel point ceci nous intéresse.

GUILLERY.

Autant que la légende de sainte Marguerite ?

ISABEAU.

Est-il vrai que nos maris soient allés à cet horrible Pré-Gaillard !

GUILLERY.

Oui, Mesdames, je les ai vus partir, je les ai entendus comploter leur escapade.

GUILLEMETTE.

Où ?...

GUILLERY.

Ici.

ISABEAU.

Quand ?...

GUILLERY.

Du temps que les bêtes parlaient : il n'y a pas un quart d'heure.

ISABEAU.

Oh ! c'est trop fort ! j'en aurai le cœur net. (Elle rentre vivement chez elle.)

SCÈNE X.

GUILLERY, GUILLEMETTE.

GUILLEMETTE.

Pour un rien, j'irais le chercher.

GUILLERY.

Allons-y ensemble.

GUILLEMETTE, scandalisée.

A deux !

GUILLERY.

Avec votre voisine.

GUILLEMETTE.

Vous voulez donc toujours être trois?

GUILLERY.

Soyons quatre ! j'ai un ami qui adore Isabeau.

SCÈNE XI.

LES MÊMES; ISABEAU, rentre avec sa cape sur le bras.

ISABEAU.

Je vais au Pré-Gaillard!

GUILLERY.

Bon!

GUILLEMETTE.

Attendez-moi. (Elle entre chez elle.)

SCÈNE XII.

ISABEAU, GUILLERY.

GUILLERY.

Voulez-vous que je vous présente un joli garçon de mes amis, qui raffole de Guillemette?

ISABEAU.

Vrai?

GUILLERY.

Et nous irons tous ensemble surprendre vos maris.

ISABEAU.

C'est dit. (Guillemette sort de chez elle.)

SCÈNE XIII.

GUILLEMETTE, GUILLERY, ISABEAU, MONOCORDE.

(Monocorde entre en courant.)

GUILLERY.

Mais quel heureux hasard ! le voici!... Mesdames, souffrez que je vous présente le célèbre Monocorde.

MONOCORDE, confus.

Mesdames, si... je... mais... vous... car... (Il embrasse Guillery.)

GUILLERY.

Vous voyez devant vous l'homme le plus éveillé de tout Paris. Il ne dort pas un quart d'heure par semaine.

ISABEAU.

Et pourquoi faire?

GUILLERY.

Mais lorsque les bourgeois et les bourgeoises sommeillent parallèlement sous leurs édredons de soie orange, ne faut-il pas qu'il y ait quelqu'un qui veille pour casser les lanternes, faire aboyer les chiens, attacher des chats aux sonnettes, allumer des pétards sous les portes, crier au feu, et faire courir les pauvres soldats du guet, qui n'ont d'autre plaisir en ce monde?

ISABEAU, riant, à Guillemette.

Il est bien.

GUILLEMETTE.

Il est très-bien.

ISABEAU.

Grand.

GUILLEMETTE.

Distingué.

ISABEAU.

Et spirituel.

GUILLEMETTE.

Il est mieux que Guillery. (A part.) Pauvre Isabeau!

ISABEAU, à part.

La malheureuse! (Elles remontent vers le fond du théâtre, en s'aidant à mettre leurs manteaux.)

MONOCORDE, sur le devant de la scène, à Guillery.

Laquelle?...

GUILLERY.

Oh! la question est délicate. Ma cousine, vois-tu, est ma cousine; c'est la femme de mon cousin; je la connais depuis longtemps; et puis, on se doit à sa famille.

MONOCORDE.

L'autre, alors?...

GUILLERY.

L'autre est bien jeune, mon ami, et tu es bien avancé dans la science de la vie.

MONOCORDE.

Laquelle donc?...

GUILLERY.

Celle à qui tu plairas. Fais-toi aimer, Monocorde; fais-toi aimer. (Les deux femmes sont redescendues.)

ISABEAU.

Allons, Messieurs, au Pré-Gaillard!

TOUS.

Au Pré-Gaillard! (Isabeau et Guillemette s'avancent pour prendre le bras de Guillery, il les donne à Monocorde et suit par derrière.)

FIN DU PREMIER ACTE.

ACTE DEUXIÈME

Au Pré-Gaillard. Le théâtre représente un jardin illuminé ; à droite et à gauche, bosquets avec des bancs de bois peint en vert.

—

SCÈNE PREMIÈRE.

GUILLERY, ISABEAU, GUILLEMETTE, MONOCORDE.

ISABEAU, vivement, à Guillery et à Monocorde.

Regardez, cherchez, apportez-les moi, si vous les trouvez. (A Guillemette.) Nous, nous allons battre ces buissons et ces bosquets. (Guillery et Monocorde entrent dans le bosquet de droite.)

MONOCORDE.

As-tu vu ?

GUILLERY.

Quoi ?

MONOCORDE.

Guillemette.

GUILLERY.

Eh bien ?

MONOCORDE.

Je lui ai serré le bras de toute ma force, et elle n'a pas crié.

GUILLERY.

Scélérat ! Et l'autre ?

MONOCORDE.

Tu n'as pas entendu ?

GUILLERY.

Non.

MONOCORDE.

Elle m'a dit que tu aimais toutes les femmes ; j'ai répondu que tu n'en aimais jamais qu'une à la fois. Alors à propos de rien, elle m'a embrassé.

GUILLERY.

Peste ! tu as fait un joli chemin !

ISABEAU.

Ah ! traître !

GUILLEMETTE, pleurnichant.

Débauché ! tromper une femme comme moi !

GUILLERY, à Monocorde.

Attends ! nous sommes bien ici pour écouter ; elles disent du bien de toi.

MONOCORDE.

Non ; elles disent du mal de leurs maris.

GUILLERY.

Cela revient au même.

ISABEAU.

Drapier de peu !

GUILLEMETTE.

Procureur de rien ! n'est-ce pas assez de me rouer de coups ? Je suis la femme la plus battue de tout Paris ? C'est vous qui êtes bien mariée !

ISABEAU.

Je le suis si peu ! Savez-vous qu'il a le double de mon âge ?

GUILLEMETTE.

Vrai ?

ISABEAU.

Lorsqu'il m'a épousée, j'avais vingt ans, et lui quarante.

GUILLEMETTE.

Le double.

ISABEAU.

Aujourd'hui il en a soixante et moi trente.

GUILLERY, à part.

Naturellement.

GUILLEMETTE.

Eh bien ! on ne lui donnerait pas l'âge qu'il a.

ISABEAU.

On n'a que faire de le lui donner, et mieux vaudrait pour moi qu'on pût les lui reprendre. Ah ! ma chère, une femme est pardonnable de bien des choses lorsqu'elle a dans sa maison une excuse de soixante ans.

GUILLERY, à Monocorde.

L'occasion est belle, Monocorde; en avant!

MONOCORDE.

Oh! je ne serais pas embarrassé, si seulement je trouvais quelque chose à leur dire.

GUILLERY.

Est-ce que je sais ce que je vais leur dire, moi? On commence par brûler ses vaisseaux, et alors il faut bien que les idées viennent. (Ils sortent du bosquet au moment où Isabeau et Guillemette viennent y regarder.)

ISABEAU.

Eh bien?

GUILLERY.

Mesdames, nous vous avons trompées, vos maris ne sont pas ici.

GUILLEMETTE.

Miséricorde!

GUILLERY.

Vos maris ne sont pas ici, mais vous y êtes. Qu'importe que ces messieurs se soient ou non permis une petite escapade? Ils ont un tort bien plus sérieux : ils sont vos maris!

GUILLEMETTE, naïvement.

Le fait est qu'ils sont nos maris.

GUILLERY.

Pour les punir d'un crime si... capital, nous allons souper. boire et danser ensemble; en tout bien, tout honneur.

GUILLEMETTE.

Il me semble que c'est bien mal.

GUILLERY.

Pourquoi ne sont-ils pas ici pour vous surveiller? c'est leur faute.

GUILLEMETTE.

Au fait.

GUILLERY.

Holà! du cabaret! (Le cabaretier se présente.)

SCÈNE II.

LES MÊMES, LE CABARETIER.

GUILLERY.

Sers-nous à souper comme pour le roi.

LE CABARETIER.

Quel vin, Monsieur?

GUILLERY.

Le meilleur de ta cave.

LE CABARETIER, à la cantonade.

Argenteuil première !...

SCÈNE III.

MONOCORDE, à Guillery.

Tu as de l'argent?

GUILLERY.

Non, et toi?

MONOCORDE.

J'ai un sou. Qui est-ce qui paiera?

GUILLERY.

La Providence ! (On apporte une table servie.)

GUILLERY, posant le cabaretier de profil.

Oh! oh! la belle médaille de cabaretier! Sais-tu à quoi tu ressembles?

LE CABARETIER.

A mon père, s'il plaît à Dieu.

GUILLERY.

Non, tu ressembles à un corbeau en belle humeur. Envole-toi!

GUILLEMETTE.

Monocorde, voulez-vous du pâté?

MONOCORDE, tendant son assiette.

Je l'aime.

ISABEAU.

Monocorde, voulez-vous du gigot?

MONOCORDE, même jeu.

Je l'aime.

GUILLERY.

Quelle âme aimante! Mesdames, aux amours de Monocorde!

MONOCORDE.

Aux amours de Guillery!

GUILLERY, reposant son verre.

Merci ; l'amour est une maladie dont je suis guéri.

TOUS.

Comment!

GUILLERY.

Mes amis, car vous êtes mes amis, et rien de plus, j'ai reconnu ce matin la vanité de toutes les choses de ce monde, excepté le rire, le boire et le manger. Buvons, rions, mangeons et soucions-nous du reste comme du soupir d'un âne mort!

ISABEAU.

Qu'est-ce qui vous est arrivé, Guillery?

GUILLERY, avec une emphase comique.

Ah! Madame, c'est une bien courte et bien lamentable histoire. J'ai fait un songe. Je m'avançais, hardi chasseur, dans les âpres sentiers de la vie. Deux cœurs, deux jeunes cœurs, viennent voler étourdiment à ma portée. Je vise en tremblant, et je les vois, percés d'un même trait, rouler ensemble à mes pieds. C'était un beau rêve, n'est-ce pas? mais le réveil fut cruel!

GUILLEMETTE.

Aussi, pourquoi vous avisez-vous?...

GUILLERY.

Je sais ce que vous allez me dire, mais il n'est plus temps; le mal est fait. Je suis tombé de trop haut pour jamais me relever. On a flétri mes illusions! Buvons, c'est le plus sûr; le vin n'a jamais trompé personne.

ISABEAU, bas à Guillery.

Vous êtes une double bête.

GUILLERY, haut.

Je suis peut-être une bête qui y voit double.

GUILLEMETTE, bas à Guillery.

Guillery, vous me faites de la peine.

GUILLERY, haut.

Et moi, suis-je donc sur un lit de roses?

MONOCORDE, pleurant.

Pauvre Guillery!

GUILLERY.

Tu es bon, Monocorde, parce que tu es heureux. Tout à l'heure encore je te contemplais avec un sentiment d'envie. Qu'est-ce qui te manque? tu es jeune, tu es beau, tu as de l'esprit, tu es aimé. Oui, tu es aimé, je le sais, on me l'a dit, on te l'a avoué à toi-même. Fasse le ciel que celle qui t'aime et qui m'entend comprenne tout le prix d'une âme comme la tienne!

GUILLEMETTE, bas à Guillery.

Guillery, j'ai à vous parler.

ISABEAU, même jeu.

Mauvais plaisant, tâchez que nous soyons seuls.

GUILLERY, à Isabeau.

Tout à l'heure! (A Monocorde.) Monocorde, sais-tu danser?

MONOCORDE.

Très-bien.

GUILLERY.

Quelle danse sais-tu?

MONOCORDE.

La bourrée d'Auvergne. (Musique à la cantonade.)

GUILLERY.

Eh! bien, j'entends les violons; allons danser! (Ils se lèvent.)

MONOCORDE, à Guillery, à part.

Laquelle?

GUILLERY.

Toutes les deux.

MONOCORDE.

Toutes les deux! Ah! ôte-m'en une!

GILLERY.

Impossible pour le moment. (Ils sortent.)

SCÈNE IV.

TRUPHÈME, ivre.

J'ai bien fait de les quitter au moment où ils pêchaient les poissons rouges avec leurs mouchoirs de poche. Des pères de famille! Fournet! Où est-il? (Il fouille dans sa poche.) Plus de Fournet; il m'a planté là. Je ne crois plus à l'amitié. Si les amis plantés se mettaient au bord des routes, comme les peupliers, on voyagerait partout à l'ombre. Eh bien! non, Fournet, je t'aimerai toute ma vie... j'ai bien dîné... je t'accorde la main de ma femme... après ma mort. (Il se tourne vers un arbre.) Monsieur!... Ah! c'est un arbre. Sauriez-vous m'indiquer le chemin du Pré-Gaillard? je n'y veux pas aller, j'ai juré à ma femme que je n'y mettrais pas les pieds; il faut donc que je sache où il est, ce Pré-Gaillard! Les jolies étoiles! (Montrant les lanternes.) on les touche. Ah! voici une table qui tourne; c'est un meuble curieux. Si je m'asseyais! (Il s'assied.) On a mis le couvert pour moi. J'ai soif. (Il frappe sur la table.) A boire! (Le cabaretier traverse le théâtre avec une bouteille à la main et une dame-jeanne sur le bras.) Une bouteille!... Qu'est-ce que tu veux que je fasse de cette miniature! c'est une fraise dans la gueule d'un loup. Donne-moi la dame-jeanne!... Dame-Jeanne, vous êtes la plus jolie dame du monde; je vous préfère à dame Isabeau, dame-jeanne! (Il boit au goulot.) Vous ne vous fâchez jamais contre moi, vous ne m'appelez pas ivrogne, vous! vous ne me reprochez pas mes soixante ans. Que je vous baise encore! (Il boit.) Dame-jeanne, vous êtes mon dernier amour, ma véritable épouse; je ne veux jamais mourir pour ne point vous laisser veuve. Elle rit la friponne! elle se gausse de moi comme l'autre. (Brid'oie, couvert de poussière, s'avance à pas de loup derrière Truphême.)

SCÈNE V.

TRUPHÊME, BRID'OIE.

TRUPHÊME.

Elle trompe son bonhomme de mari.

BRID'OIE, à part.

Truphême!

TRUPHÊME.

Elle ne sait rien refuser à personne, elle en donne à tout le monde. Ce n'est pas une bouteille de procureur.

BRID'OIE, à part.

Il parle de ma femme!

TRUPHÊME.

Elle est si bonne fille!

BRID'OIE, avec explosion.

Où est-elle?

TRUPHÊME.

Parbleu! elle est ici.

BRID'OIE.

Vous l'avez vue?

TRUPHÊME.

Je l'ai embrassée.

BRID'OIE.

Ma femme !

TRUPHÊME.

Eh ! non, la mienne.

BRID'OIE.

Dame Isabeau ?

TRUPHÊME.

Non, dame-jeanne. Mais qu'est-ce qu'il a ? Veux-tu bien ne pas me regarder comme ça, tu troubles ma digestion.

BRID'OIE.

Avez-vous vu ma femme ?

TRUPHÊME.

Qu'est-ce que tu veux que j'en fasse ? C'est bien assez de voir la mienne. Tu as donc perdu ta femme, mon doux ami ?

BRID'OIE.

Il est ivre, le malheureux, je n'en tirerai rien.

TRUPHÊME.

Tu dis des choses incohérentes... quand on est ivre on n'est pas malheureux. Ivre-toi, tu seras content. Bois, tiens ! je ne suis pas jaloux ; c'est toi qui es un tigre de jalousie.

BRID'OIE.

Truphême, mon voisin, ma femme a des rendez-vous.

TRUPHÊME.

Alors, c'est qu'elle te trompe.

BRID'OIE.

Oui.

TRUPHÊME.

Qu'est-ce que cela te fait ? Tout le monde est trompé. Moi, mes commis me trompent, mes correspondants me trompent ; toi, ta femme te trompe : c'est le commerce.

BRID'OIE.

Figurez-vous qu'en rentrant chez moi, je trouve un billet doux.

TRUPHÊME.

Chez toi ?

BRID'OIE.

Non, par terre, sur la place.

TRUPHÊME.

Avec l'adresse de ta femme ?

BRID'OIE.

Non, sans adresse; mais c'était pour elle. On disait . « A l'auberge de Nanterre. »

TRUPHÈME.

On y fait des gâteaux.

BRID'OIE.

Je cours à Nanterre, trois lieues à pied !

TRUPHÈME.

As-tu vu la Rosière ?

BRID'OIE.

Il y a huit auberges à Nanterre, j'entre partout; je demande, on me rit au nez; je me fâche, on rit plus fort; je m'avise qu'ils ont peut-être changé de rendez-vous, et qu'ils sont au Pré-Gaillard. Je cherche une voiture; pas de voiture! je reviens à pied, trois lieues de route.

TRUPHÈME.

Trois et trois font neuf.

BRID'OIE.

Je cours, je trotte, je me perds, je me retrouve, enfin, j'arrive ici, les jambes rompues, la tête perdue, et l'esprit à tous les diables.

TRUPHÈME.

Pauvre ami! Tu as tant couru sans boire !

BRID'OIE.

Si je m'adressais à la justice ?

TRUPHÈME.

La justice? c'est aujourd'hui dimanche! Elle est à la campagne, et elle cueille des melons. Elle reviendra demain matin, entre dix et onze. D'ailleurs, qu'est-ce que tu gagnerais à conter tes infirmités à la justice? Tu sais bien qu'entre l'arbre et l'écorce, il ne faut pas mettre le droit. Moi, vois-tu, ma femme aura beau faire, j'ai bien dîné. Dire que j'ai failli dîner chez moi! Le fait est que sans ce grand sec, tu sais ce grand sec qui rôdait sur la place, j'aurais mangé un oison de douze ans cuit à la casserole. C'est cela qui est dur!

SCÈNE VI.

TRUPHÈME, BRID'OIE, MONOCORDE.

(Monocorde s'avance vers le bosquet.)

BRID'OIE.

Un grand sec qui marchait sur la pointe du pied?

TRUPHÈME.

Oui, comme celui... là, là! mais, c'est lui!

MONOCORDE, à part.

Les maris! je suis perdu!

TRUPHÊME.

Viens donc, que je t'embrasse!

MONOCORDE, se débattant.

Excusez-moi, on m'attend. Adieu, monsieur Truphême.

TRUPHÊME.

Viens donc, mon cher Monocorde.

BRID'OIE, se levant en sursaut.

Monocorde! il est grand! il est sec! il marche sur la pointe des pieds! et il s'appelle Monocorde! (Il le prend à la gorge.) Je ne veux pas employer les moyens de rigueur : avoue-moi tout.

MONOCORDE.

Quoi, Monsieur?

TRUPHÊME.

Lâche-le donc, puisque j'ai bien dîné.

BRID'OIE.

J'ai lu ta lettre.

MONOCORDE, tremblant.

Quelle lettre, Monsieur?

BRID'OIE.

Ma femme est ici.

MONOCORDE.

Non, Monsieur!

BRID'OIE.

Viens avec moi.

MONOCORDE.

Où?

BRID'OIE.

Partout.

MONOCORDE.

Quoi faire?

BRID'OIE.

Chercher ma femme. Si je ne la trouve pas, malheur à toi!

MONOCORDE.

Et si vous la trouvez?

BRID'OIE.

Si je la trouve, je te tue. (Il entraîne Monocorde.)

TRUPHÈME, les suivant.

Compère! compère!

SCÈNE VII.

GUILLEMETTE, GUILLERY, ISABEAU.

TOUS LES TROIS.

Monocorde!

GUILLEMETTE.

Parti!

ISABEAU.

Éclipsé.

GUILLERY.

Il me vient les plus affreux soupçons : Monocorde a une maîtresse ici, Monocorde nous trompe.

GUILLEMETTE.

Pauvre garçon! il se sera perdu.

GUILLERY.

Je ferai mettre une affiche. Mais j'y songe, nous ne pouvons pas nous en aller sans lui, c'est moi qui l'ai amené; je suis responsable. Que dirais-je à sa famille, à la France, à l'Europe?... Monocorde!

SCÈNE VIII.

LES MÊMES, MONOCORDE.

MONOCORDE, haletant.

Une chaise!

GUILLERY.

Pourquoi faire?

MONOCORDE.

Pour m'évanouir. Il faut que je te parle en secret.

GUILLERY.

Mesdames, Monocorde a un secret à me confier; laissez-moi l'entendre, je vous le redirai ensuite. (Guillemette et Isabeau se retirent à l'écart.)

MONOCORDE.

Ils sont ici.

GUILLERY.

Les maris ?

MONOCORDE.

Oui, le vieux est ivre, l'autre veut me tuer, je me suis enfui, ils me poursuivent. Allons-nous-en !

GUILLERY.

Au contraire, restons. Ah! ils sont ici! Je vais les servir à leurs femmes. (Haut.) Mesdames, nous vous avons trompées... vos maris sont ici.

GUILLEMETTE.

Menteur !

GUILLERY.

Regardez-moi la tête de Monocorde !

ISABEAU.

Comment voulez-vous qu'on vous croie? Ils sont au Pré-Gaillard! Non! ils n'y sont pas! Si, ils y sont. Mettez-vous une fois d'accord avec vous-même.

MONOCORDE, se lève par ressort.

Les voici !

GUILLEMETTE, à Guillery.

Ne me quittez pas, Guillery ! (Elle se jette avec Guillery dans le bosquet de droite. Monocorde entraîne Isabeau dans le bosquet de gauche.)

SCÈNE IX.

LES MÊMES, TRUPHÈME, BRID'OIE.

(Brid'oie s'appuie en chancelant sur le bras de Truphème; il vont s'asseoir face à face devant la table qui est au milieu du théâtre.)

BRID'OIE.

Je n'en puis plus! où diable est-il fourré?

TRUPHÈME.

Pauvre voisin! si tu avais dîné chez Fournet, tu serais peut-être aussi trompé, mais tu serais moins fatigué.

BRID'OIE.

Où est-elle?

TRUPHÈME, prenant la bouteille.

Bois un coup! Il n'y a que cela au monde. Vois-tu, mon pauvre procureur, le solide, c'est le liquide.

GUILLEMETTE, à Guillery.

Avouez que j'ai l'esprit bien fait.

GUILLERY, galamment.

Comme tout le reste, Madame.

BRID'OIE.

On va me montrer au doigt.

TRUPHÈME.

Est-il naïf! Est-ce qu'on me montre au doigt? Le monde n'est pas méchant. Du reste, sois tranquille, si quelqu'un te montre au doigt, je te le dirai.

BRID'OIE, pleurant.

Avais-je rien fait pour mériter cela?

TRUPHÈME, même jeu.

Oui, tu bats trop ta femme.

BRID'OIE, même jeu.

Puisque c'est par principe! J'ai lu dans un livre que les Romains, hommes sages, plaçaient toujours dans la corbeille un bon bâton de bois de cormier.

TRUPHÈME, même jeu.

Et tu crois qu'on ne les trompait pas, les Romains? Mais qu'est-ce que cela te fait? Tu aimes donc bien ta femme?

BRID'OIE.

Moi! Je la déteste, je la méprise, je l'ai en horreur, je la considère comme un animal inférieur, cher à habiller, cher à nourrir, fatigant à promener, difficile à amuser et impossible à gouverner! Mais on a son amour propre!

GUILLERY, à Guillemette.

Vous entendez!

GUILLEMETTE.

Oh! il me le paiera tôt ou tard.

GUILLERY.

Belle Guillemette, savez-vous en quoi la justice française diffère de la turque? Chez nous, lorsqu'un homme a tué, on attend six mois pour le pendre ; en Turquie, on lui tord le cou séance tenante. Soyez turque, ô Guillemette !

ISABEAU, à part.

Guillemette et Guillery ensemble ! c'est la faute de ce Monocorde qui m'a entraînée ici. Monocorde, vous dormez ?

MONOCORDE.

Oh ! que non pas, Madame !

ISABEAU.

Et songez-vous où est Guillemette ?

MONOCORDE, niaisement.

Oui, Madame, elle est là-bas.

ISABEAU.

Et Guillery ?

MONOCORDE.

Il est là-bas également.

ISABEAU.

Et vous souffrez ?...

MONOCORDE.

Non, Madame, je suis heureux.

ISABEAU.

Mon ami, vous êtes une oie ; où avez-vous la tête ?

MONOCORDE, s'avançant pour l'embrasser.

Ici, Madame. (Elle lui donne un soufflet ; au même instant Guillery embrasse Guillemette.)

BRID'OIE, en sursaut.

Avez-vous entendu ?

TRUPHÊME.

Oui.

BRID'OIE.

Un baiser.

TRUPHÊME.

Un soufflet.

BRID'OIE.

Un baiser ici.

TRUPHÊME.

Non, un soufflet là.

BRID'OIE.

Les oreilles vous cornent.

TRUPHÊME.

Les cornes vous oreillent. (Ils se lèvent tous deux et s'avancent vers les bosquets, Truphème à droite, Brid'oie à gauche. Chacun d'eux se trouve en face de la femme de l'autre.)

BRID'OIE.

Sa femme!

TRUPHÈME.

Sa femme!

ISABEAU, à Brid'oie.

Silence!

GUILLEMETTE, à Truphème.

Par pitié!

BRID'OIE, à part.

Ah! tu n'es pas jaloux, c'est bien fait!

TRUPHÈME, à part.

Un jaloux, cela lui apprendra! (Brid'oie s'avance en souriant vers Truphème et lui met la main sur les yeux, Truphème lui en fait autant. Isabeau, Monocorde, Guillery et Guillemette sortent des bosquets et s'avancent vers le fond de la scène.)

GUILLERY, à Guillemette.

Je réponds de tout. (A Monocorde.) Reconduis-les. (Monocorde, Guillemette et Isabeau sortent.)

SCÈNE X.

BRID'OIE, GUILLERY, TRUPHÊME.

GUILLERY.

A quel diable de jeu jouez-vous là?

BRID'OIE ET TRUPHÈME, confus.

Guillery!

BRID'OIE.

Nous nous amusions pour passer le temps.

TRUPHÈME.

Mon Dieu, oui! nous passions le temps pour nous amuser...

GUILLERY.

Au Pré-Gaillard?

TRUPHÈME, à Brid'oie.

Au Pré!... Ah! compère, tu ne me l'avais pas dit!

GUILLERY.

Passe encore pour ce vaurien de Monocorde que je viens de rencontrer avec une...

BRID'OIE.

Chut!

TRUPHÈME.

Silence!

GUILLERY.

Moi, je ne comprends pas qu'on prenne la femme d'autrui. Si jamais je connais un mari que l'on trompe, je lui conterai tout.

BRID'OIE.

Tais-toi, malheureux!

TRUPHÈME.

Tais-toi donc, grand nigaud!

GUILLERY, à Brid'oie.

A propos, je sais pour qui il était ce billet... j'ai vu une dame qui loge en face de chez vous...

BRID'OIE.

Chut!

GUILLERY.

Si jamais j'avais soupçonné celle-là... une personne de ma fa...

BRID'OIE.

Tais-toi! J'avais pourtant bien cru...

GUILLERY.

Oh! maître Brid'oie!

BRID'OIE.

Alors, asseyons-nous. Tu n'es pas fatigué, toi?

TRUPHÈME.

Veux-tu boire ? (Il boit.)

GUILLERY.

Merci!

BRID'OIE.

Moi, je suis le Parisien le plus fatigué d'aujourd'hui; j'ai fait plus de dix lieues à pied.

TRUPHÈME.

Moi, je suis l'homme le plus heureux de la terre. J'ai bu plus de cent mille bouteilles, et j'ai encore soif.

BRID'OIE, bâillant.

Il fait bon ici. Puisque le billet n'était pas... rien ne presse.

TRUPHÈME.

Si tu veux, nous resterons à table et nous chanterons des chansons. (Il chante.)

La nature
M'a donné
Un né
Bourgeonné,
Piquante parure!

BRID'OIE.

Assez! assez!

TRUPHÈME.

Tu n'aimes pas la musique! Eh bien! nous conterons des histoires... Guillery, sais-tu des histoires?

GUILLERY.

Je sais l'histoire romaine, l'histoire sainte, l'histoire grecque, l'histoire perse, l'histoire turque, l'histoire gothique, l'histoire germanique, l'histoire anthropophagique et l'histoire des pois au lard, depuis les temps les plus reculés jusqu'à l'avénement du roi François Ier dit le Chaste.

TRUPHÈME.

C'est trop ancien, Guillery; tu ne sais rien de plus nouveau?

GUILLERY.

Si; je sais l'histoire du grand procès des Bernardins et des Cordeliers.

BRID'OIE.

Conte-nous cela, petit; j'aime les histoires de procès.

GUILLERY.

Je vous avertis que vous allez vous endormir.

BRID'OIE, bâillant.

Non, non, raconte.

TRUPHÈME.

Il dormira, lui; mais moi je t'écouterai : raconte.

GUILLERY.

C'est à propos de la récolte des hannetons... je veux dire à propos des hannetons qui mangent la récolte... Vous m'écoutez?

TRUPHÈME.

Oui, la récolte avait mangé les hannetons.

BRID'OIE.

Eh! non, compère, ce sont les hannetons qui avaient été mangés par la récolte.

GUILLERY, lentement.

Vous avez raison tous les deux. Or donc, les hannetons des Bernardins, ou plutôt, le couvent étant sorti dans la campagne, le samedi des Rameaux, pour cueillir des mouches cantharides; comme les pluies d'automne s'étaient prolongées jusqu'en février... et que l'hiver n'avait pu commencer qu'en mars, le prieur des Cordeliers sortit en même temps avec la bannière pour aller chercher des truffes; et comme il intervint entre les parties belligérantes ce qu'on appelle en droit canon des mots de gueule, le parlement de Toulouse, rendit un arrêt de colimaçon pour la lenteur; et considérant qu'il était urgent de couper court aux branches des arbres sur lesquelles les Cordeliers prenaient leur nourriture, nonobstant la malice des bedeaux, do, do... (Brid'oie et Truphême s'endorment. Guillery s'échappe par le fond.)

LE CABARETIER.

Et la carte, Monsieur?

GUILLERY.

Messieurs mes oncles te paieront. (Il sort.)

TRUPHÊME, rêvant.

Hanneton! vole, vole, vole!

FIN DU DEUXIÈME ACTE.

ACTE TROISIÈME

Même décor qu'au premier acte.

—

SCÈNE PREMIÈRE.

ISABEAU, GUILLEMETTE, MONOCORDE.

(Isabeau et Guillemette entrent par le fond, suivies de Monocorde qui porte une lanterne. Elles causent en se promenant devant la rampe. Monocorde les suit pas à pas.

GUILLEMETTE.

Chère Isabeau, est-ce que je peux tout vous dire ?

ISABEAU.

Et pourquoi pas, chère petite?

GUILLEMETTE.

Vous ne me gronderez point? (A part.) Comment lui dire que j'aime Guillery ?

ISABEAU.

J'ai donc l'air bien sévère?

GUILLEMETTE.

Vous ne direz rien à mon mari?...

ISABEAU.

Comme si les loups...

GUILLEMETTE.

Eh bien!... je l'aime.

ISABEAU.

Votre mari?

GUILLEMETTE.

Méchante!... Est-ce que Guillery ne vous a pas dit... quand il a amené Monocorde?

ISABEAU.

Oui, il m'a dit de qui Monocorde était amoureux. (A part.) Aimerait-elle cet animal?

GUILLEMETTE.

Trouvez-vous que j'aie tort ?

ISABEAU.

Je ne dis pas qu'on vous mettra dans la morale en action, mais il n'est pas défendu d'aimer son prochain.

GUILLEMETTE.

Il est charmant, Isabeau. (Regardant Monocorde.) Je suis sûre que bien des femmes le trouveront laid, mais sa laideur lui va bien, et s'il était plus beau, je ne l'aimerais pas autant.

ISABEAU, regardant Monocorde.

Oui, il est d'une jolie laideur.

GUILLEMETTE.

Que ses yeux sont spirituels, Isabeau !

ISABEAU, à part, regardant Monocorde.

Flattons-la. (Haut.) Oui, ce ne sont pas les yeux de tout le monde.

GUILLEMETTE.

Je suis sûre que vous l'avez trouvé froid au Pré-Gaillard ?

ISABEAU, regardant Monocorde.

Un peu...

GUILLEMETTE.

C'était un jeu convenu entre nous.

MONOCORDE, à part.

Comme elle me regarde !

GUILLEMETTE.

N'est-ce pas qu'il n'est pas trop effronté?

ISABEAU, regardant Monocorde.

Ma foi non.

MONOCORDE, à part.

C'est la drapière.

GUILLEMETTE.

Ma chère voisine, j'avais une peur affreuse de vous tout avouer.

ISABEAU.

Et pourquoi ?

GUILLEMETTE.

Vous avez des principes si sévères !... Les pommes vertes... !

ISABEAU.

Bah ! les pommes vertes sont bonnes.

GUILLEMETTE.

Excellentes!

ISABEAU.

Et puis, quand on a dans son jardin des fruits vraiment trop mûrs!...

GUILLEMETTE.

C'est juste!

ISABEAU.

Va, mon enfant, nous sommes logées à la même enseigne, et je suis prise tout comme toi.

GUILLEMETTE.

Vrai?

ISABEAU.

Tu aimes celui-ci, moi je suis folle de l'autre.

GUILLEMETTE.

Que tu es bonne!

ISABEAU.

Il n'est pas beau non plus.

GUILLEMETTE, regardant Monocorde.

Mais si! mais si!

ISABEAU.

Il y a bien à dire sur son nez.

GUILLEMETTE, même jeu.

Mais non! mais non!

MONOCORDE.

Elle m'a souri.

ISABEAU.

Sais-tu ce que j'aime en lui? c'est ce feu qui brille dans ses yeux. (Guillemette regarde Monocorde.) Cette fièvre qui l'agite. C'est une nature ardente! Mais tu es trop jeune pour comprendre cela, toi! (Guillemette regarde Monocorde.)

GUILLEMETTE.

Mais non!

ISABEAU.

Tu n'as jamais aimé personne?

GUILLEMETTE.

Que veux-tu? Il y a si peu de temps que je suis mariée! Et toi?

ISABEAU.

Moi? Je te conterai mon histoire. Mais jamais je n'ai rencontré son pareil. Quel homme! Lorsqu'il paraît devant moi, il me semble que la température s'élève de dix degrés.

GUILLEMETTE.

Chère Isabeau!

ISABEAU.

Chère Guillemette! (Elles s'embrassent.)

GUILLEMETTE.

Que nous allons être heureuses, moi avec mon Guillery, toi avec ton Monocorde!

ISABEAU, la repoussant brusquement.

Moi avec?

GUILLEMETTE.

Avec votre Monocorde.

ISABEAU, élevant la voix.

Monocorde à moi!

GUILLEMETTE.

A vous!

MONOCORDE, à part.

Elles parlent de moi. (Il se tient à l'écart.)

ISABEAU.

Mais c'est vous qui l'aimez.

GUILLEMETTE.

C'est vous!

ISABEAU.

C'est vous, vous dis-je!...

GUILLEMETTE.

Vous me croyez donc bien sotte!

ISABEAU.

Et vous, vous me prenez pour une aveugle?

GUILLEMETTE.

Cet animal!...

ISABEAU.

Ce grotesque!

GUILLEMETTE.

Ce muet!

ISABEAU.

Cette perche!

MONOCORDE, à part.

Elles parlent de moi.

GUILLEMETTE.

Mais alors, qui est-ce que vous aimez ?

ISABEAU.

Ce sont mes affaires. Ah ! voilà qui est trop fort ! avec son air ingénu !

GUILLEMETTE.

Mais vous, avec votre air bonhomme !

ISABEAU.

Elle voulait me confesser !

GUILLEMETTE.

Vous me prêchiez bien Monocorde !

ISABEAU.

Madame a cru qu'on allait me quitter pour elle.

GUILLEMETTE.

C'est Madame, qui a la prétention de me voler mon amant !

ISABEAU.

Je ne vole les amants de personne, et j'en ai assez pour... Heureusement, Madame, Guillery m'a dit lui-même que Monocorde vous était destiné.

GUILLEMETTE.

Malheureusement, Madame, je tiens de sa propre bouche que Monocorde est pour vous.

ISABEAU, appelant.

Monocorde !

MONOCORDE, s'approchant.

Charmante Isabeau, je ..

ISABEAU.

Est-ce moi que vous aimez ?

MONOCORDE.

Oui-dà, Madame.

GUILLEMETTE.

Vous l'entendez !

ISABEAU.

Je parle à Monsieur. Comment, maroufle, vous avez le front d'aimer une femme comme moi? Vous ne voyez pas quelle distance il y a entre nous? et que l'on n'est pas faite pour un butor de votre espèce? Il m'aime! avec ces yeux! avec ce nez !

avec ces bras! vous devriez être honteux, et, par pénitence, faire la cour à Madame.

GUILLEMETTE.

Madame!

MONOCORDE, à part.

Décidément, c'est l'autre. (Haut à Guillemette.) Eh bien! oui, Madame, c'est vous que j'adore!

ISABEAU.

Je ne le lui fais pas dire.

MONOCORDE, à Guillemette.

C'est vous que j'ai toujours adorée, et je vous supplie de me prendre pour amant, comme cela a été convenu.

GUILLEMETTE.

Convenu! manant! et avec qui?

MONOCORDE.

Mais avec... là... ce matin!... (Impatienté.) S'il était ici, il vous expliquerait cela. Je ne savais rien, moi, je me promenais; on me dit : choisis; je réponds cela m'est égal. Il fallait que nous fussions quatre! et... je ne sais si je me fais entendre.

ISABEAU.

Comment donc! mais vous êtes lumineux. Allez-vous-en!

MONOCORDE, à Guillemette.

Madame...

GUILLEMETTE.

Vous n'êtes pas encore parti?

MONOCORDE.

Mais, Madame, Guillery...

GUILLEMETTE.

Guillery est un méchant... (Elle rentre chez elle.)

MONOCORDE, courant après Isabeau.

Mais, Madame, Monocorde...

ISABEAU.

Monocorde est un sot! (Elle lui ferme la porte au nez.)

SCÈNE II.

MONOCORDE, GUILLERY.

GUILLERY, accourant.

Monocorde tout seul! Qu'as-tu fait de mes femmes?

MONOCORDE.

Je n'en ai rien fait; elles sont chacune chez elle, et elles m'ont chassé!

GUILLERY.

C'est ta faute aussi, tu ne dis rien. On prend la femme avec des paroles, et les muets ne sont bons qu'à garder le sérail.

MONOCORDE.

Voilà ce qui te trompe. Tant que je n'ai rien dit, elles m'ont regardé tendrement : j'ouvre la bouche, et l'on me chasse.

GUILLERY.

C'est ta faute! pourquoi parles-tu?

MONOCORDE, pleurant.

Me voilà bien! j'ai fait une belle campagne!

GUILLERY.

Ne pleure pas! tu n'as pas perdu ton temps, tu as appris la grande guerre à mon école, tu as acquis une expérience qui te servira pour l'avenir.

MONOCORDE.

Oui, mais qu'est-ce qui me reste pour le présent?

GUILLERY.

L'espérance! Alexandre n'avait pas autre chose dans son sac, lorsqu'il partit pour la conquête de l'Asie. Écoute-moi bien : il n'est pas d'amours éternelles. Un jour viendra, que l'une de ces deux dames s'apercevra de tous mes défauts; dès ce moment, tu n'auras plus que des qualités. Toutes les fois que je parlerai un peu haut, on se dira : Monocorde avait la voix si douce! Quand il m'échappera quelque sottise, on regrettera ce bon Monocorde qui ne disait mot : ne t'éloigne pas, tu es sur les rangs, ton tour viendra, c'est comme à l'Académie! Mais, grand enfant! ta part est cent fois plus belle que la mienne, car j'ai tout à perdre, et tu as tout à gagner. Adieu!

MONOCORDE.

Tu me laisses tout seul! qu'est-ce que je vais faire?

GUILLERY.

Comment, ce que tu vas faire? Mais ton rôle est tout tracé! faire le guet autour de cette place, crainte que les maris ne me surprennent! surveiller la maison où je ne serai pas, de peur qu'Isabeau ne me voie entrer chez Guillemette, ou que Guillemette ne me voie sortir de chez Isabeau; en un mot, veiller en ami sur le bonheur d'un ami! Je te laisse le beau rôle, et tu te plains, ingrat!

MONOCORDE.

Tu es bien heureux, toi!

GUILLERY.

Moi! Je suis le plus perplexe de tous les homme! Ah! Monocorde, ce n'est pas moi qui suis heureux, c'est le philosophe Pythagore, qui avait le don de se trouver en deux endroits à la fois. Regarde-moi ces deux maisons, songe à ce qu'elles renferment de beauté sans défense et de bonheur tout prêt!... Ah!... si j'étais deux! Trouve-moi deux pailles, nous allons tirer au sort.

MONOCORDE.

Alors, il y aura quelque chose pour moi?

GUILLERY.

Fi donc! je te prends pour juge, et tu crois que je vais te corrompre? Tiens-moi cela dans tes mains; la grande pour Isabeau, la petite pour la petite. (Il tire une paille.) La petite!... Tant pis pour maître Brid'oie! Tu ne t'éloigneras pas, Monocorde?

MONOCORDE.

Non, Guillery.

GUILLERY.

Tu ne t'ennuieras pas, Monocorde?

MONOCORDE.

Non, Guillery.

GUILLERY.

Allons, embrasse-moi, Monocorde.

MONOCORDE.

Oui, Guillery. (Ils s'embrassent. Guillery va frapper à la porte de Guillemette, qui paraît sur son balcon.)

SCÈNE III.

GUILLEMETTE, GUILLERY.

GUILLEMETTE, au balcon.

Ah! c'est vous! seigneur Guillery?

GUILLERY.

J'ai laissé votre mari au Pré-Gaillard, ronflant comme un orgue; ouvrez vite, ouvrez!

GUILLEMETTE.

Et que désire votre impatience?

GUILLERY.

Ne le devinez-vous pas un peu?

GUILLEMETTE.

Dites toujours.

GUILLERY.

Je voudrais bien entrer.

GUILLEMETTE.

Chez nous ?

GUILLERY.

Oui, chez nous.

GUILLEMETTE.

Je veux dire chez moi?

GUILLERY.

Oui, chez toi.

GUILLEMETTE.

Effronté !

GUILLERY.

Je vous jure que vous m'ouvririez, si vous saviez combien je suis effronté.

GUILLEMETTE.

Monocorde l'est plus que vous, et j'ai donné mon cœur à Monocorde.

GUILLERY.

Ne raillez pas! ouvrez! j'ai un million de choses à vous dire !...

GUILLEMETTE.

N'est-ce pas Monocorde que vous m'avez choisi?

GUILLERY.

Guillemette, mon cher amour, ouvrez; je vous expliquerai tout. On vous a menti; Monocorde est une bête; je vous aime, écoutez-moi, j'enrage dans ma peau, de ne pouvoir vous parler! Il faut absolument que je vous parle!

GUILLEMETTE.

Je vous écoute.

GUILLERY.

Nous sommes trop loin pour nous entendre; les paroles ne

sont pas des hirondelles! Au nom de vos beaux yeux, de ma folie, de ma rage et du baiser de tantôt, ouvrez.

GUILLEMETTE, refermant sa fenêtre.

Non! non!

GUILLERY.

Guillemette! on ne damne pas les gens sans les entendre! Guillemette! vous m'égorgez!... Guillemette! Guillemette! (Il frappe à coups redoublés. — A part.) Est-ce qu'elle aurait fermé sa fenêtre de bonne foi? Elle ne serait donc pas femme!

GUILLEMETTE, passant la tête par un guichet, au milieu de sa porte.

Voyons, qu'avez-vous à dire? Quand vous m'écriviez ces maudites lettres, vous en écriviez d'autres à Isabeau. Quand vous m'avez dit que Monocorde était pour Isabeau, vous avez dit à Isabeau que vous m'abandonniez à Monocorde. Est-ce vrai, cela?

GUILLERY.

Il n'y a rien de vrai, sinon que j'ai la tête perdue. Est-ce que vous ne lisez pas dans mes yeux que je dis vrai? Est-ce qu'il n'y a pas quelque chose dans ma voix qui vous prouve que je ne mens pas? Est-ce que votre mari vous a jamais parlé de ce ton-là? Est-ce que mon amour ressemble à un amour de ménage?... Est-ce que?... mais enfin... c'est le feu... quelles preuves?... si vous étiez... mais vous voyez bien que je ne sais pas ce que je dis! ouvrez!

GUILLEMETTE, sortant vivement et refermant sa porte.

Non! j'aime mieux sortir. Ici, nous sommes moins seuls; il peut passer quelqu'un, mon mari peut revenir...

GUILLERY.

Vous me croyez donc bien mauvais? vous avez peur de moi plus que de votre mari?

GUILLEMETTE, étourdiment.

Oh! j'ai peur de moi aussi! vous êtes un terrible homme!

GUILLERY, l'entraînant jusqu'au banc qui est devant sa maison.

Guillemette!

GUILLEMETTE.

Non, je ne veux pas vous aimer. Ne vous fâchez point : je n'en aimerai pas d'autres. Je resterai vertueuse toute ma vie, et c'est vous qui en serez cause!

GUILLERY.

Vous ferez un joli métier! vous, si bien faite pour aimer et pour être aimée, vous végéterez comme un rosier sur une fenêtre, à l'ombre d'un procureur! Vous ne connaîtrez jamais les folles escapades, la douceur du danger, la saveur âpre et délicieuse du fruit défendu! Il est un monde charmant, en dehors des lois, des conventions et de la routine, un monde tout peuplé de plaisirs, tout frémissant de caresses, tout retentissant de baisers; un monde plus nouveau que l'Amérique, plus riche que l'Australie, un monde infini en étendue et en beauté; et vous renoncez à le connaître, quand, pour y entrer de plein pied, vous n'auriez qu'à me suivre et me donner la main! (La fenêtre d'Isabeau s'éclaire.)

GUILLEMETTE.

Sans doute c'est un pays charmant, mais vous y feriez une étrange figure si vous vous y promeniez comme un anglais au bois de Boulogne avec une femme à chaque bras.

GUILLERY.

Mais, il n'y a pas d'autre femme que vous; vous êtes la seule femme! Depuis que je vous connais, je ne regarde les autres femmes que comme des curiosités d'histoire naturelle : des hommes femelles!

GUILLEMETTE.

Et Isabeau!

GUILLERY.

Encore! Pourquoi me parlez-vous d'Isabeau? quand je ne parle que de vous? (Isabeau sort de chez elle et vient écouter.) Cette petite main blanche est-elle la main d'Isabeau? Ce cou frissonnant qui rougit sous mes lèvres, est-ce le cou d'Isabeau? Cette taille, que je serre entre mes dix doigts, est-ce la taille d'Isabeau? Guillemette!

GUILLEMETTE, se défendant à peine.

Laisse-moi, Guillery!

SCÈNE IV.

LES MÊMES, ISABEAU.

ISABEAU.

Bonne bête!

GUILLEMETTE, en sursant.

Ah! l'odieuse femme! (Elle court chez elle et écoute.)

GUILLERY, à part.

Pris!

ISABEAU, à Guillery.

Je suis donc bien laide! Est-ce que ma main est une patte auprès des mains de cette dame? nous gantons le même numéro! Et priez-la un peu de vous montrer un bras comme celui-ci! Est-ce que mon cou est mal tourné? Ai-je une épaule plus haute que l'autre? mes yeux ressemblent-ils à des charbons éteints? Quel âge me donnez-vous donc?

GUILLERY.

Je savais bien que je vous forcerais à descendre!...

ISABEAU, stupéfaite.

Que dit-il?

GUILLERY, à part.

Tant pis! elle paiera pour l'autre! (Haut, d'un ton lamentable.) Je vous en prie, Isabeau, ne me regardez pas ainsi... votre colère... ma tête... j'éprouve je ne sais quoi, et la parole me manque. Je savais que Monocorde vous avait prévenue contre moi... si j'étais allé frapper chez vous, vous ne m'auriez pas ouvert la porte. Alors, j'ai... comme qui dirait, attaché Guillemette à l'hameçon!

ISABEAU.

Menteur!

GUILLERY.

Voilà pourquoi je criais si fort, quand j'aurais pu lui parler à l'oreille; voilà pourquoi je la retenais sur la place, lorsque sa porte était ouverte. Elle l'est encore, et... (Guillemette rentre chez elle et ferme violemment sa porte.)

SCÈNE V.

GUILLERY, ISABEAU.

Restez! Quel bruit?

GUILLERY.

Ce n'est rien, c'est Guillemette qui nous écoutait.

ISABEAU.

Quoi! vraiment! Tout ce que vous lui disiez était à mon adresse!... Mais, si par malheur, je n'avais pas entendu! vous alliez loin!

GUILLERY.

J'étais sûr que vous entendriez! moi; si un galant vous parlait à l'oreille, je l'entendrais du bout du monde.

ISABEAU.

Tu mens! tu y mettais trop de feu! Ta voix était trop vibrante, tes gestes trop vrais; tu ne m'as jamais parlé de ce ton là, à moi!

GUILLERY.

Parce que je vous... je sens... j'éprouve... parce que vous êtes trop belle, Isabeau, et que j'ai peur de vous. Oh! si vous ressembliez aux autres femmes! Je ne suis pas timide, Guillemette me le disait tout à l'heure; mettez vingt femmes autour de moi, vous ne me verrez pas plus embarrassé qu'un singe devant un plat de noisettes; mais quand nous sommes ensemble tout seuls, je suis comme devant la reine... le rouge me...

ISABEAU.

A la bonne heure! je retrouve mon Guillery!

GUILLERY.

Il me monte aux yeux je ne sais quoi... et puis la crainte... le respect..., autre chose encore; que voulez-vous que je vous dise?...

ISABEAU.

Dis-moi... dis-moi que tu m'aimes, grand enfant!... et je te croirai!...

GUILLERY, à part.

Allons donc!

SCÈNE VI.

LES MÊMES, MONOCORDE.

MONOCORDE.

Prenez garde à vous, Guillemette vous espionne! elle a allumé sa chandelle!

ISABEAU.

Animal! (Elle repousse Guillery et court s'enfermer dans sa maison.

SCÈNE VII.

GUILLERY, MONOCORDE.

MONOCORDE.

Comment! tu en étais déjà!...

GUILLERY, *furieux.*

Triple sot!... (*Se ravisant.*) Non... j'ai encore besoin de toi. Tu m'as fait de belle besogne! D'abord tu leur as tout dit.

MONOCORDE.

Moi! je ne savais rien...

GUILLERY.

Raison de plus! Il n'y a pire indiscret que celui qui n'est pas dans le secret! Et tu viens encore de me faire manquer les deux plus belles occasions!

MONOCORDE.

Moi!

GUILLERY.

Tu ne pouvais pas m'avertir quand Isabeau!...

MONOCORDE.

Mais je t'ai averti!

GUILLERY, *exaspéré.*

Tu!... (*Plus calme.*) C'est juste!... (*Vivement.*) Jamais je ne la retrouverai au point où elle était là!... Peut-être serait-il encore temps!... l'impression n'est pas effacée!... Demain elle me rira au nez... Il faut battre le fer... Oui, c'est le seul moyen... A l'escalade!

MONOCORDE.

Escalader! c'est défendu!

GUILLERY.

Défendu aux voleurs, oui : aux amoureux, non; l'escalade est l'a. b. c. de l'amour, et celui qui ne sait pas grimper à un balcon, n'est pas digne de baiser la main d'une femme!

MONOCORDE.

C'est dit : Escaladons!

GUILLERY.

Comment! escaladons? aurais-tu la prétention de venir avec moi?

MONOCORDE.

Non, mais tandis que tu escaladeras par ici, j'escaladerai par là.

GUILLERY.

Toi!... Pourquoi faire?...

MONOCORDE.

Pour faire comme toi. Je veux être digne de baiser la main des belles femmes.

GUILLERY.

L'idée est lumineuse! il s'agit bien de toi!

MONOCORDE.

Pourquoi pas? tu sais bien ce que tu m'as promis. Je ne suis pas ton nègre pour te servir gratis, et, puisque j'ai commencé, je te suivrai jusqu'au bout!

GUILLERY.

Mais!...

MONOCORDE.

J'apprends la grande guerre à ton école.

GUILLERY.

Quand je te dis...

MONOCORDE.

Je te dis que nous sommes associés et que tu escaladeras avec moi ou point.

GUILLERY.

Oh! oh! tu as marché sur l'herbe d'éloquence! Eh bien! c'est toi qui l'as voulu! nous monterons ensemble à l'assaut. Appuie-toi solidement contre ce mur. (Il le place sous le balcon d'Isabeau.) Tu ne plieras pas..

MONOCORDE.

Comment vas-tu faire?

GUILLERY.

Je grimpe sur tes épaules; j'allonge une jambe par dessus la balustrade, puis l'autre; j'arrive sur le balcon, je casse un carreau, je saisis l'espagnolette, j'ouvre la fenêtre et je réponds du reste.

MONOCORDE.

Bien! Et moi?

GUILLERY.

Toi, tu en fais autant de ton côté: tu montes sur mes épaules, tu enjambes la balustrade, tu...

MONOCORDE.

J'y suis.

GUILLERY.

Nous n'avons pas de temps à perdre; les maris ne dormiront pas éternellement... mets-toi là. (Monocorde s'appuie au mur; mais au moment où Guillery va monter sur ses épaules, il se retourne brusquement vers lui.)

MONOCORDE.

Une observation!

GUILLERY.

Plus tard!

MONOCORDE.

Laisse-moi te dire. Quand tu seras entré ici, qui est-ce qui me fera la courte échelle pour monter là?

GUILLERY.

Sois tranquille!

MONOCORDE.

Mais encore...

GUILLERY.

Commençons toujours.

MONOCORDE, le repoussant jusqu'au milieu du théâtre.

Pas si bête! j'ai prêté mon dos assez souvent, et cette fois...

GUILLERY, à part.

J'entends des pas. Qui est-ce qui peut bien se promener par les rues à pareille heure?

MONOCORDE.

Cherche, cherche!

GUILLERY, à part.

Il y a du mari là-dedans!

MONOCORDE.

On s'imagine, parce que j'ai l'air un peu naïf...

GUILLERY, à part.

C'est eux!

MONOCORDE.

Mais on ne m'attrape pas tous les jours, moi.

GUILLERY.

Tu as raison, Monocorde, je te dois bien cela. (Il s'appuie au mur de Brid'oie.) Monte!

MONOCORDE.

Vrai?

GUILLERY.

Monte!

MONOCORDE.

Tu te moques de moi.

GUILLERY.

Monte!

MONOCORDE.

Non! c'est beau ce que tu fais là! laisse-moi t'embrasser!

GUILLERY.

Monte!

MONOCORDE.

Je me méfiais un peu de toi, mais maintenant...

GUILLERY.

Monte!

MONOCORDE.

Je te rends mon estime.

GUILLERY.

Monte!

MONOCORDE, sur les épaules de Guillery.

Et ils prétendent tous que tu es un mauvais camarade!

GUILLERY.

Monte!

MONOCORDE.

Et toi, comment vas-tu faire?

GUILLERY.

Mais monte donc!... Le carreau! (Monocorde casse un carreau.) Au voleur!

SCÈNE VIII ET DENIÈRE.

MONOCORDE sur le balcon, BRID'OIE, GUILLERY, TRUPHÈME, LE CABARETIER, SOLDATS DU GUET, puis GUILLEMETTE.

TRUPHÈME.

Au voleur?... Messieurs les gendarmes!...

GUILLERY.

Au voleur! au galant!

BRID'OIE.

Monocorde! Décidément c'était lui! (A Monocorde.) Descends! que l'on t'assomme!

MONOCORDE, se pelotonnant.

Qu'est-ce que j'y gagnerais?

GUILLERY.

Si tu ne descends pas, ces messieurs te tueront là-haut, et tu mourras dans les airs comme un pendu!

MONOCORDE.

Je descends. (Il descend du balcon.)

GUILLERY.

Je te l'avais prédit qu'il t'arriverait malheur!

MONOCORDE.

Mais...

GUILLERY.

C'est bien fait! ne te plains pas!

MONOCORDE.

Mais...

GUILLERY.

Tu as beau dire : mais... on ne te prendra pas pour un agneau. Malheureux! est-ce moi qui t'ai donné de ces exemples-là?

BRID'OIE.

Tu en es bien capable! Mais, chacun pour soi : c'est l'affaire du voisin. (A Monocorde.) Quant à toi, mon drôle, va finir la nuit au poste. (Il le livre aux gens d'armes.)

GUILLEMETTE, entrant vivement.

Arrêtez!... ce n'est pas lui.

GUILLERY.

Bien! dites que c'est moi qui étais sur votre balcon.

GUILLEMETTE.

Oui... c'est vous qui mériteriez...

GUILLERY.

Oh! maître Brid'oie, elle le défend!

GUILLEMETTE, à Brid'oie.

Je jure sur votre tête...

GUILLERY.

Prenez garde de vous blesser!

GUILLEMETTE, indignée.

Oh!

BRID'OIE.

Taisez-vous!

TRUPHÊME.

Mon cher Guillery, tu es un excellent petit homme; ta figure me plait, ton esprit m'amuse, et j'ai toujours eu du plaisir à te voir; mais va-t'en, et ne reviens jamais par ici.

ISABEAU, vivement.

Vous le chassez?

GUILLERY, avec dignité.

On donne huit jours à un domestique.

TRUPHÊME.

Tu étais au Pré-Gaillard avec ma femme!

GUILLERY.

Vous y étiez bien sans elle!

TRUPHÊME.

Tu as soupé à mes dépens.

GUILLERY.

Je vous ai fait dîner gratis chez maître Fournet.

TRUPHÊME.

Comment peux-tu te conduire de la sorte?

GUILLERY.

Cela m'est bien plus facile que de me conduire autrement.

TRUPHÊME.

Pourquoi fais-tu la cour à Isabeau?

GUILLERY.

Parce que je suis un homme de goût.

TRUPHÊME.

Tu sais pourtant qu'elle n'est pas à toi.

GUILLERY.

Elle serait à moi, je ne l'en aimerais pas moins.

TRUPHÊME.

Pendard!

BRID'OIE.

Impudent!

GUILLEMETTE.

Traître!

ISABEAU, à part.

Pauvre garçon!

GUILLERY.

Eh! bonnes gens, quel mal vous ai-je fait? Vous ne vous

êtes pas ennuyés avec moi. (*A Truphème.*) Vous avez bien dîné... *A Brid'oie.*) bien couru... (*Aux deux femmes.*) bien dansé. Vous envoyez Monocorde en prison, et vous me mettez à la porte : c'est une bonne journée! Embrassons-nous pour finir... vous êtes témoins, Mesdames, que c'est par là que j'avais voulu commencer.

FIN.

LAGNY. — Imprimerie VIALAT et Cie.

www.ingramcontent.com/pod-product-compliance
Lightning Source LLC
LaVergne TN
LVHW050426160826
845677LV00002BA/566

* 9 7 8 2 3 2 9 6 8 9 7 9 1 *